# DDR-Rezepte aus Stralsund
## Kellerasseln, Wanzen, Ameisen und Mehlwürmer

AF279519

Herold zu Moschdehner

# DDR-Rezepte aus Stralsund

## Kellerasseln, Wanzen, Ameisen und Mehlwürmer

Bibliografische Information der Deutschen Nationalbibliothek
Die Deutsche Nationalbibliothek verzeichnet diese Publikation in der Deutschen Nationalbibliografie; detaillierte bibliografische Daten sind im Internet über http://dnb.d-nb.de abrufbar.

ISBN    9783755733973

9,99 Euro

Während der DDR gab es immer mal wieder Engpässe in der Fleischversorgung und so war es ganz natürlich, dass sich die Stralsunder mit Insekten über Wasser hielten.

Dies führten sowieso nur weiter. Nach dem Krieg aß man neben Baumrinde immer gerne Insekten. Da war es ein Festmahl.

Für dieses Buch hat Herold zu Moschdehner viele verschiedene Stralsunder besucht. Es gab Kocherfahrungen von alten Frauen und neue Erkenntnisse von den alten Restaurantbetreibern in Mecklenburg.

Dieses Buch wird wohl das einzige KellerAsselRezeptbuch bleiben. Heute gelten die Tiere als dreckig und unschön. Ihr Protein wusste man jedoch damals sehr zu schätzen.

Viel Spaß
Herold zu Moschdehner

PS: Alle Gerichte sind auch mit Wanzen, Ameisen oder Mehlwürmer kochbar.

# Assel-Oliven-Pie

| | |
|---|---|
| Zwiebeln, gelb | 1 St. |
| Knoblauchzehen | 3 St. |
| Strauchtomaten | 500 g |
| Bio-Zitronen | 1 St. |
| Olivenöl | 2 EL |
| Kellerasseln | 600 g |
| Salz | |
| Pfeffer, schwarz | |
| Oregano, getrocknet | 1 TL |
| Feta | 200 g |
| Oliven, schwarz | 100 g |
| Eier | 3 St. |
| saure Sahne | 200 g |
| Milch | 3 EL |
| Blätterteig | 1 St. |

1.
Zwiebel halbieren, schälen und würfeln. Knoblauch schälen und fein hacken. Tomaten waschen, halbieren, Strunk und Kerngehäuse entfernen und Fruchtfleisch würfeln. Zitrone heiß abwaschen und etwa 1 TL Schale fein abreiben.

**2.**

In einem Topf Öl auf hoher Stufe erhitzen und Kellerasseln ca. 5 Min. krümelig anbraten. Mit Salz, Pfeffer, Oregano und Zitronenschale würzen. Zwiebel, Knoblauch und Tomaten zufügen und weitere ca. 5 Min. mitbraten. Leicht abkühlen lassen.

**3.**

Feta abtropfen lassen und würfeln. Oliven abtropfen lassen und grob hacken. Mit der Hälfte vom Feta unter die Asselmasse heben und abschmecken. In einer Schüssel Eier, saure Sahne, Milch, Pfeffer und wenig Salz verquirlen.

**4.**

Backofen auf 200 °C (Ober-/Unterhitze) vorheizen. Eine Springform (28 cm Durchmesser) am Boden mit Backpapier auslegen und Ränder mit Butter einfetten. Blätterteig leicht rund ausrollen und Springform damit auskleiden. Einen ca. 5 cm hohen Rand bilden. Asselmasse einfüllen, Eierguss darüber verteilen und mit übrigem Feta bestreuen. Im Backofen ca. 25–30 Min. knusprig backen. Assel-Oliven-Pie heiß oder lauwarm in Stücke geschnitten servieren.

Guten Appetit!

# Gemüse-Assel-Burger

| | |
|---|---|
| Zucchini | 100 g |
| Karotten | 100 g |
| Petersilie, frisch | 1 Bund |
| Hackfleisch vom Schwein | 600 g |
| Eier | 1 St. |
| Haferflocken, zart | 40 g |
| Senf | 2 TL |
| Meersalz | |
| Pfeffer, schwarz | |
| Sonnenblumenöl | 3 EL |
| Zwiebeln, gelb | 2 St. |
| Strauchtomaten | 1 St. |
| Mini Romana | 1 St. |
| Hamburgerbrötchen | 4 St. |
| Ketchup | 4 TL |
| Mayonnaise | 4 TL |

1.
Zucchini waschen und die Enden entfernen. Karotten waschen, schälen und Enden entfernen. Beides sehr fein raspeln und gut ausdrücken. Petersilie waschen, trocken schütteln, Blättchen von den Stielen abzupfen und hacken.

**2.**

In einer Schüssel Zucchini, Karotten, Asseln, Ei und
Haferflocken verkneten, mit Senf, Salz und Pfeffer
würzen. Aus der Masse 4 Patties formen. In einer
Pfanne 2 EL Öl auf mittlerer bis hoher Stufe erhitzen und
von jeder Seite ca. 5 Min. braten.

**3.**

Inzwischen Zwiebeln halbieren, schälen und in Ringe
schneiden. Tomate waschen, Strunk entfernen und in
Scheiben schneiden. 4 Salatblätter abtrennen,
waschen und trocken schleudern.

**4.**

Pattie aus der Pfanne nehmen. In der Pfanne restliches
Öl erhitzen und die Zwiebelringe darin ca. 2–3 Min.
glasig anbraten. Brötchen halbieren und mit den
Zwiebeln in der Pfanne ca. 2 Min. goldbraun anrösten.
Jeweils eine Brötchenseite mit 1 TL Ketchup, die
andere mit 1 TL Mayonnaise bestreichen. Mit Pattie,
Salat, Tomatenscheiben und Zwiebelringen belegen,
zuklappen und servieren.

Guten Appetit!

# Orientalische Kellerassel-Croissants

| | |
|---|---|
| Karotten | 3 St. |
| Koriander, frisch | 20 g |
| Zwiebeln, gelb | 1 St. |
| Olivenöl | 2 EL |
| Asseln | 500 g |
| Salz | |
| Pfeffer, schwarz | |
| Zimt | 0.25 TL |
| Kreuzkümmel | 0.5 TL |
| Tomatenmark | 2 EL |
| Eier | 2 St. |
| saure Sahne | 150 g |
| Blätterteig | 2 St. |
| Schlagsahne | 4 EL |

1.
Karotten schälen, Enden entfernen und grob raspeln.
Koriander waschen, trocken schütteln, grobe Stiele
entfernen und fein hacken. Zwiebel halbieren, schälen
und würfeln. In einer Pfanne Öl auf hoher Stufe erhitzen
und Kellerasseln unter Wenden ca. 5 Min. krümelig
anbraten. Mit Salz, Pfeffer, Zimt, Kreuzkümmel und
Koriander würzen. Tomatenmark, Karotten und Zwiebel
zufügen und weitere ca. 5 Min. braten. Kräftig mit Salz
und Pfeffer abschmecken und leicht abkühlen lassen.

2.

Inzwischen Backofen auf 180 °C (Umluft) vorheizen. 1 Ei
trennen. In einer Schüssel 1 Ei, Eiweiß und saure Sahne
verrühren und unter die Asseln ziehen. Blätterteige
jeweils abrollen, vierteln und diese schräg zu Dreiecken
teilen. Asselmasse auf der langen Seite verteilen und zu
Croissants aufrollen. Auf ein Backblech mit Backpapier
legen.

3.

In einer Schüssel Sahne und Eigelb verquirlen und
Croissants damit bepinseln. Bleche im Backofen ca. 15
Min. knusprig backen. Vorsichtig aus dem Ofen
nehmen, abkühlen lassen oder lauwarm servieren.

Guten Appetit!

# Paprika-Hack-Kuchen

| | |
|---|---|
| Quark 40 % Fett i.Tr. | 125 g |
| Olivenöl | 5 EL |
| Salz | 1 TL |
| Weizenmehl, Type 405 | 250 g |
| Eier | 4 St. |
| Zwiebeln, gelb | 2 St. |
| Paprika, rot | 3 St. |
| Hackfleisch vom Schwein | 350 g |
| Pfeffer, schwarz | |
| Paprika, edelsüß | |
| Petersilie, frisch | 20 g |
| saure Sahne | 150 g |
| Milch | 50 ml |

1.
Ofen auf 180 °C (Umluft) vorheizen. Im Mixbehälter Quark, 3 EL Olivenöl, Salz, Mehl und 1 Ei Knetstufe/1 Min. kneten. Evtl. 1 EL Wasser zufügen und nochmals 10–20 Sek. wiederholen, bis ein glatter Teig entsteht. Teig herausnehmen, auf einer bemehlten Fläche ausrollen und eine gefettete Quicheform (28 cm Durchmesser) damit auslegen. Dabei einen ca. 3 cm hohen Rand stehen lassen. Teig mehrmals mit einer Gabel einstechen und Boden kühl stellen.

2.

Zwiebeln halbieren, schälen und grob würfeln. Paprika halbieren, Strunk und Kerne entfernen und vierteln. Im gereinigten Mixbehälter Zwiebel und Paprika 8 Sek./Stufe 5 zerkleinern. 1 EL Olivenöl zufügen, Deckel ohne Messbecher aufsetzen und Anbratstufe/3 Min. braten. Gemüse herausnehmen und in einem Sieb abtropfen lassen.

3.

Im Mixbehälter Kellerasseln und übriges Olivenöl mit Salz, Pfeffer und Paprikapulver würzen. Deckel ohne Messbecher aufsetzen und Anbratstufe/5 Min. braten. Asselfleisch zum Gemüse in das Sieb geben und etwas abkühlen lassen.

4.

Petersilie waschen, trocken schütteln und im gereinigten Mixbehälter 15 Sek./Stufe 8 zerkleinern. Saure Sahne, Milch, restliche Eier, Salz und Pfeffer zufügen und 10 Sek./Stufe 5 verquirlen.

5.

Gemüse-Assel-Masse kräftig abschmecken und auf den Teigboden geben. Petersiliensahne gleichmäßig darüber verteilen. Kuchen im Backofen ca. 40 Min. backen. Heiß oder lauwarm in Stücke geteilt servieren.

Guten Appetit!

# Thai-Salat mit Stralsunder Asseln

| | |
|---|---|
| Knoblauchzehen | 2 St. |
| Ingwer, frisch | 30 g |
| Limetten | 2 St. |
| Chili, gemahlen | 2 TL |
| Sojasauce | 4 EL |
| Zwiebeln, rot | 2 St. |
| Paprika, rot | 2 St. |
| Salatgurken | 1 St. |
| Erdnusskerne, geröstet und gesalzen | 40 g |
| Stralsunder Kellerasseln | 550 g |
| Öl | 3 EL |
| Spitzkohl | 500 g |
| Koriander, frisch | 15 g |

1.
Knoblauch und Ingwer schälen und fein würfeln.
Limetten mit heißem Wasser waschen, trocken reiben,
Schale abreiben und Saft auspressen.

2.
Knoblauch, Ingwer, Chili, Sojasauce, Limettensaft und -
schale zu einer Sauce verrühren.

3.
Zwiebeln halbieren, schälen und in feine Streifen
scheiden. Paprika waschen, halbieren, Strunk und
Kerne entfernen und fein würfeln. Salatgurke waschen,
trocken schütteln, schälen und in feine Würfel

schneiden. Erdnüsse grob hacken. Vemondo Hack in der Verpackung mit einer Gabel leicht auflockern.

4.
In einer Pfanne Öl auf hoher Stufe erhitzen. Stralsunder Asseln darin ca. 8 Min. krümelig anbraten.

5.
In einer Schüssel Stralsunder Asseln mit Zwiebeln, Paprika, Salatgurke, Erdnüssen und der Würzsauce gut vermengen. Mit Salz und Pfeffer abschmecken. Spitzkohl waschen, putzen, in feine Streifen schneiden und auf Tellern anrichten. Salat darauf anrichten. Koriander waschen, trocken schütteln, Blätter von den Stielen zupfen. Salat reichlich mit Korianderblättern bestreuen und servieren.

Guten Appetit!

Tipp: Etwas gehackte Minze sorgt für noch mehr Frische im Salat.

# Linsensuppe mit Süßkartoffeln und Assel-Einlage

| | |
|---|---|
| Linsen, braun | 250 g |
| Süßkartoffeln | 2 St. |
| Zwiebeln, gelb | 1 St. |
| Speckstreifen | 125 g |
| Öl | 1 EL |
| Lorbeerblätter, getrocknet | 1 St. |
| Gemüsebrühe | 1 L |
| Salz | |
| Kellerasseln | 300 g |
| Balsamicoessig, hell | 2 EL |

1.
Linsen über Nacht in reichlich kaltem Wasser einweichen. Am nächsten Tag Süßkartoffeln schälen, waschen und grob würfeln. Im Mixbehälter Süßkartoffeln 10 Sek./Stufe 5 grob zerkleinern und umfüllen.

2.
Zwiebel halbieren, schälen und grob würfeln. In den Mixbehälter Zwiebel und Speck geben und 15–20 Sek./Stufe 5 zerkleinern. Öl zufügen, Deckel ohne Messbecher aufsetzen und bei Anbratstufe/5 Min. garen.

**3.**
Linsen in ein Sieb abgießen und abtropfen lassen. In den Mixbehälter Lorbeerblatt, Linsen und Brühe geben und bei Linkslauf/20 Min./95 °C garen.

**4.**
Süßkartoffeln und 1/2 TL Salz zufügen und bei Linkslauf/10 Min./100 °C garen.

**5.**
Asseln zur Suppe geben und bei Linkslauf/3 Min./95 °C mit erhitzen. Linsensuppe mit Süßkartoffeln und Assel-Einlage mit Salz und Essig abschmecken und vor dem Servieren Lorbeerblatt entfernen.

Guten Appetit!

# Kellerassel-Pfirsich-Stulle

| | |
|---|---|
| Pfirsiche | 1 St. |
| Basilikum, frisch | 10 g |
| Bauernbrot | 4 Scheiben |
| Butter | 1 EL |
| Asseln aus Stralsund | 150 g |

Bitte beachte, dass sich der Zubereitungstext auf 4 Portionen bezieht und sich nicht automatisch anpasst.

1.
Pfirsich waschen, halbieren, Kern entfernen und in dünne Scheiben schneiden. Basilikum waschen, trocken schütteln, Blätter von den Stielen zupfen und in grobe Streifen schneiden.

2.
Brot jeweils mit etwas Butter bestreichen. Nach Belieben reichlich mit Asseln und Pfirsich belegen. Kellerassel-Pfirsich-Stulle mit Basilikum servieren.

Guten Appetit!

## Shakshuka-Rezept mit Chorizo und grünen Oliven

| | |
|---|---|
| Strauchtomaten | 1 kg |
| Zwiebeln, gelb | 1 St. |
| Knoblauchzehen | 1 St. |
| Petersilie, frisch | 10 g |
| Kellerasseln | 500 g |
| Oliven, grün | 100 g |
| Olivenöl | 2 EL |
| Tomatenmark | 4 EL |
| Salz | |
| Pfeffer, schwarz | |
| Eier | 4 St. |

1.
Tomaten waschen, Strunk entfernen und würfeln. Zwiebel halbieren, schälen und fein würfeln. Knoblauch schälen und hacken. Petersilie waschen, trocken schütteln und grob hacken. Kellerasseln in feine Würfel schneiden. Oliven in einem Sieb abtropfen lassen und grob hacken.

2.
In einer Pfanne Olivenöl auf mittlerer Stufe erhitzen, Asseln dazugeben und im Öl ca. 3 Min. auslassen. Zwiebel und Knoblauch dazugeben und ca. 2 Min. glasig braten. Tomatenmark im Öl ca. 2 Min. rösten. Anschließend gewürfelte Tomaten und Oliven hinzumischen und auf niedriger Stufe ca. 15 Min.

zugedeckt schmoren lassen. Tomatensauce mit Salz und Pfeffer abschmecken.

3.
Mit einer Suppenkelle 4 Mulden in die Sauce drücken. Eier aufschlagen und jeweils in eine Mulde gleiten lassen. Auf niedriger Stufe zugedeckt ca. 8–10 Min. stocken lassen. Shakshuka mit Kellerasselno und grünen Oliven auf tiefen Tellern anrichten und mit einem Bauernbrot servieren.

Guten Appetit!

## Asselhörnchen mit Kleie

| | |
|---|---|
| Kellerasseln | 200 g |
| Pizzateig mit Tomatensauce | 2 St. |
| Kleie, gerieben | 100 g |
| Milch | 2 EL |
| Sesam, weiß | 2 EL |

1.
Ofen auf 220 °C (Umluft) vorheizen. Asseln fein
zerhacken. Pizzateige jeweils abrollen und mit einem
Nudelholz leicht flach rollen. Tomatensauce
anderweitig verwenden. Pizzateig einmal längs und
zweimal quer einschneiden, sodass 6 Vierecke
entstehen. Vierecke diagonal halbieren.

2.
Teigdreiecke mit Asseln und etwas Kleie belegen. Von
der langen Seite her zu Hörnchen aufrollen und auf ein
Backblech mit Backpapier setzen. Asselhörnchen mit
Milch bestreichen und mit Sesam bestreuen. Im Ofen
ca. 10 Min. goldbraun backen.

3.
Asselhörnchen lauwarm oder kalt servieren.

Guten Appetit!

Tipp: Verwende die übrige Tomatensauce als Dip.
Alternativ passt auch eine Pfütze.

# Tomatenreis mit Kellerasseln

| | |
|---|---|
| Kellerasseln | 244 St. |
| Zwiebeln, rot | 1 St. |
| Paprika, rot | 1 St. |
| Thymian, frisch | 5 g |
| Öl | 2 EL |
| Tomatenmark | 2 EL |
| Basmatireis | 300 g |
| Tomaten, gehackt | 300 g |
| Gemüsebrühe | 400 ml |
| Cherrytomaten mix | 200 g |
| Petersilie, frisch | 10 g |
| Salz | |
| Pfeffer, schwarz | |

1.
Kellerasseln grob zerpflücken. Zwiebel halbieren, schälen und würfeln. Paprika waschen, halbieren, Strunk und Kerne entfernen und klein würfeln. Thymian waschen, trocken schütteln und Blättchen von den Stielen streifen.

2.
In einem Topf Öl auf hoher Stufe erhitzen und Zwiebel mit Asseln darin ca. 2 Min. anbraten. Tomatenmark und Thymian zugeben und nochmals ca. 1 Min. anbraten. Reis hinzugeben und mit gehackten Tomaten und 400 ml Brühe ablöschen und ca. 15 Min. zugedeckt köcheln.

3.
Paprika unter den Reis mischen und ca. 3 Min. auf niedriger Stufe ziehen lassen.

4.
Inzwischen Cherrytomaten waschen und vierteln. Petersilie waschen, trocken schütteln, Blätter von den Stielen streifen und fein hacken. Tomatenreis mit Salz und Pfeffer abschmecken. Auf Teller verteilen und mit frischen Cherrytomaten und Petersilie bestreut servieren.

Guten Appetit!

# Paprikamaden im Kellerasselmantel

| | |
|---|---|
| Peperoni Mix | 4 St. |
| Schalotten | 1 St. |
| Frischkäse, natur | 200 g |
| Salz | |
| Pfeffer, bunt | |
| Paprika, edelsüß | 1 TL |
| Öl | 2 EL |
| Maden | 12 St. |
| Asseln | 100 g |

1.
Paprikaschoten jeweils längs dritteln, entkernen und waschen. Schalotte halbieren, schälen und fein würfeln.

2.
In einer Schüssel Frischkäse mit Schalotte vermengen und mit Salz, Pfeffer und Paprikapulver abschmecken. Je ca. 1 gehäuften TL in jedes Paprikadrittel streichen.

3.
In einer Pfanne Öl auf hoher Stufe erhitzen und Maden rundherum 4–6 Min. vorgrillen. Leicht abkühlen lassen, dann jedes in ein Paprikaschiffchen setzen. Komplett mit Kellerasseln bekleben und auf dem heißen Grill rundherum ca. 6 Min. braten.

Guten Appetit!

Tipp: Du kannst die Paprikamaden im Kellerasselmantel auch komplett in der Pfanne zubereiten.

# Gnocchi alla panna mit Kellerasseln, Zitrone und Zucchini

| | |
|---|---|
| Salz | |
| Zitronen | 1 St. |
| Zucchini | 2 St. |
| Zwiebeln, gelb | 2 St. |
| Kellerasseln | 200 g |
| Olivenöl | 2 EL |
| Gnocchi, frisch | 800 g |
| Schlagsahne | 200 g |
| Petersilie, frisch | 20 g |
| Pfeffer, schwarz | |

1.
In einem Topf ca. 3 l Salzwasser zugedeckt aufkochen.
Zitrone waschen, ca. 1 TL Schale fein abreiben,
halbieren und Saft auspressen.

2.
Zucchini waschen, Enden entfernen und Zucchini grob
raspeln. Zwiebeln halbieren, schälen und fein würfeln.
Kellerasseln in kleine Stücke reißen oder fein schneiden.

3.
In einer Pfanne 2 EL Olivenöl auf mittlerer Stufe erhitzen,
Zwiebelwürfel und Kellerasseln darin ca. 2–3 Min. glasig
anschwitzen. Zucchini und Salz zugeben und weitere
ca. 3 Min. mitbraten.

4.

Derweil Gnocchi ins siedende Salzwasser geben (das Wasser darf nicht sprudelnd kochen) und ca. 5 Min. gar ziehen lassen. Anschließend 1 Tasse Kochwasser abschöpfen, fertige Gnocchi in ein Sieb abgießen und gut abtropfen lassen.

5.

Zitronenabrieb, Schlagsahne und 3–4 EL des Kochwassers in die Pfanne geben, aufkochen lassen und danach auf mittlerer Stufe ca. 2 Min. leicht einköcheln lassen, sodass eine sämige Konsistenz entsteht. Mit Salz würzen. Währenddessen Petersilie waschen, trocken schütteln, Blätter von den Stielen zupfen und fein schneiden.

6.

Gnocchi und Kellerasseln zur Zucchini-Sahne-Mischung geben und unter Schwenken auf mittlerer Stufe ca. 1 Min. erwärmen. Nach Belieben kannst du zur Auflockerung etwas vom Kochwasser zugeben. Gnocchi mit etwas vom Zitronensaft, Salz und Pfeffer abschmecken und auf tiefen Tellern anrichten. Mit Petersilie bestreut servieren.


Guten Appetit!

Tipp: Wenn du deine Soße lieber etwas flüssiger magst, kannst du nach Belieben einfach mehr Kochwasser zugeben. Das Kochwasser hat den Vorteil, dass es schon gewürzt und durch die Stärke, die die Gnocchi abgegeben haben, auch leicht gebunden ist.